ALIX NOBLAT

50 RECETTES D'UNE FOODADDICT POUR LES SPORTIFS

ALIX NOBLAT

50 RECETTES
D'UNE FOODADDICT POUR LES SPORTIFS

L'AVENTURE COMMENCE DANS L'ASSIETTE

Photographies : Anne Bergeron
Stylisme : Ada Deschanel

hachette
CUISINE

SOMMAIRE

QUI
suis-je ?

Au moment où j'écris, je suis dans un petit café, à Chamonix, me préparant psychologiquement à ma prochaine course mais aussi à mon rôle d'assistance auprès de mon compagnon Mathieu qui s'apprête à entamer les 170 km et 10 000 m de dénivelé d'UTMB (sommet mondial du trail) aux côtés des plus grands athlètes internationaux.

Quand je pense à ma préparation et à celle de Mathieu, au-delà de l'entraînement, ce qui prend une place de taille dans nos vies, c'est la **nutrition**.

Aujourd'hui, je me connais quasiment par cœur, je sais ce que mon corps aime et ce qu'il affectionne moins, j'ai conscience de ce qui est bon pour moi et de ce qui l'est moins.

Je mange de tout, même si je me dirige vers l'alimentation la plus végétale possible ; j'essaie de faire en sorte qu'elle soit variée et, en y réfléchissant, je ne sais même pas s'il y a quelque chose que je refuserais de goûter… mais ça n'a pas été toujours le cas !

Il y a 6 ans, mon alimentation tournait autour de 3 choses très simples, les pommes de terre, les pâtes et les steaks hachés. Basta… Il était impossible pour moi de manger un quelconque légume, si ce n'est quelques courgettes et haricots verts noyés sous une quantité astronomique de ketchup.

Pour mon hydratation, je pense que je n'ai jamais été fan des sodas (ce qui était déjà un bon point) mais il est vrai que je me laissais souvent tenter par des jus industriels.

Soyons francs, mon hygiène de vie à cette époque n'était pas des plus saines : fiesta, peu de sommeil, une activité physique sportive proche du néant, un auto-sabotage de haut vol… Mais comme j'ai pu l'entendre maintes et maintes fois : « Il faut bien que jeunesse se fasse. »

À l'époque, je n'étais clairement pas athlétique, un peu boulotte à mon sens, je cherchais des excuses à mes kilos en trop et à ma sédentarité, tout en scrollant sur les réseaux sociaux à la recherche de la pilule magique qui pourrait me « couper la faim » ou bien « me faire maigrir ».

C'est mon entrée chez les sapeurs-pompiers volontaires qui a été l'élément déclencheur. J'étais montrée du doigt car je n'avais pas le physique idéal de l'emploi.

Mon ego en a pris un coup et, dans ma tête, tout s'est enchaîné. Je me suis mise au sport en commençant par la musculation, un peu de cardio. J'ai planifié mes objectifs et tracé une route à suivre. La jeune fille qui ne mangeait que des nuggets-patates (et Dieu sait que mes parents ont bataillé pour me faire avaler du « vert ») prenait enfin un nouveau virage pour une vie plus saine dans un corps qu'elle assumait pleinement.

Durant 3 ans, j'ai mangé de mieux en mieux et, me prenant vraiment au jeu, je suis devenue réellement passionnée, j'ai surmonté les obstacles, les craquages et j'ai fini par prendre aussi un tournant dans ma vie professionnelle en devenant coach sportif en 2017.

C'est après ma deuxième participation à l'émission *Koh-Lanta* que je me suis prise d'engouement pour le trail running. Le décès brutal de ma petite sœur Cyrielle a aussi beaucoup joué, ma thérapie passant par l'appel des grands espaces et du grand air.

Ma relation à la cuisine s'est tout d'abord concrétisée lors du confinement, j'ai commencé à lire, à **pratiquer**, c'était mon moment de détente, je prenais plaisir à **inventer**, **revisiter** des recettes en tout genre.

Ensuite, le véritable tournant fut ma rencontre avec Mathieu Blanchard, athlète au sein de la team internationnale Salomon, qui pratique le trail en ultra-distance à haut niveau, là où, à mon sens, la nutrition devient un véritable facteur de **performance**.

J'ai dès lors commencé à m'intéresser à l'aspect scientifique, à l'individualisation en fonction du métabolisme de l'athlète et de ses besoins qui sont d'autant plus spécifiques en ultra-distance.

Dans ce cadre, j'ai même fait une formation afin de perfectionner mes bases en nutrition, je suis maintenant en capacité de conseiller et de guider les sportifs pour qu'ils sachent quoi manger avant, pendant et après les entraînements, et surtout pendant les courses.

Quand mon papa est devenu diabétique, après un cancer et des opérations diverses, je suis passée à la pratique. C'était traumatisant de voir un vrai bon vivant soudainement devoir surveiller de manière drastique son alimentation et être persuadé qu'elle ne serait plus jamais une source de **plaisir**.

J'ai donc fait en sorte de trouver les meilleures recettes santé pour qu'il puisse toujours autant se régaler.

C'est un peu tout cela que vous retrouverez dans ce livre : de la gourmandise, du plaisir, mais avec des recettes saines qui sont pensées pour vous aider dans votre pratique sportive et vous maintenir en bonne santé.

À QUI

s'adresse mon livre ?

Avec des recettes simples, hautes en couleur et rassasiantes, je souhaite vous donner les clés, que vous soyez débutant dans votre pratique ou déjà athlète, pour franchir un cap dans vos assiettes et vous aider à atteindre vos objectifs sans la charge mentale du « qu'est-ce que je vais manger ? ».

À travers ma pratique personnelle du trail et en échangeant avec de nombreux athlètes, j'ai réussi à cerner les besoins nutritionnels de celles et ceux qui se challengent au quotidien, et plus spécifiquement dans les sports d'endurance.

Ce livre est pour ceux qui aiment passer plus de temps à l'extérieur qu'enfermés, pour les amoureux et amoureuses de la nature, celles et ceux qui aiment courir, marcher en montagne, en forêt, mais aussi qui veulent s'y mettre, peu importe leur niveau sportif. Si vous voulez mieux manger, ce livre vous est destiné !

La majorité des coureurs que j'ai croisés aiment manger, mais ne savent pas comment s'y prendre et ce qui leur manque majoritairement, c'est l'inspiration… Alors, *let's go* !

Que faut-il manger pour

AVANCER ?

Dans le sport, on dit que l'endurance, c'est l'aptitude à maintenir un effort d'une intensité donnée pendant une durée prolongée. Il vous faut donc les ressources nécessaires pour pouvoir avancer correctement. *Exit* les 3 feuilles de laitue qui se battent en duel.

Tous les corps sont différents : il y a des choses qui fonctionneront pour les uns, mais pas pour les autres. **Arrêtez de vous comparer**, sachez reconnaître et prendre **conscience** de ce qui est bon pour vous.

Ce que je suggère repose uniquement sur l'observation empirique et n'est pas sorti du chapeau car la méthode miracle, ça n'existe pas ! Il vous faudra tester, adapter et être à l'écoute.

AVANT L'EFFORT

Je favorise les recettes riches en glucides pour faire le plein d'énergie et je les consomme 2 à 3 h avant mon entraînement ou ma sortie.

L'entraînement à jeun

Certaines personnes aiment s'entraîner le ventre vide pour éviter les troubles digestifs au moment de l'effort. Certains le font aussi volontairement afin d'aller chercher l'énergie non pas dans leur stock de sucres mais plutôt de gras, ce qu'on appelle la lipolyse.

Cette capacité à brûler les graisses lorsqu'on court va jouer un rôle majeur durant les efforts d'ultra-endurance. Contrairement à nos réserves de sucres, les graisses peuvent nous permettre de créer de l'énergie de manière quasi illimitée et de repousser le fameux « coup de pompe ».

Savoir courir à jeun ne s'improvise pas. Il faut d'abord augmenter progressivement ses entraînements, garder sur soi une collation en cas de baisse d'énergie... Mal contrôlée, la course à jeun peut provoquer, à long terme, des inflammations.

PENDANT L'ACTION

Je n'aborderai pas les filières énergétiques en tout genre et les connaissances scientifiques autour de nos besoins durant l'effort, c'est un livre de recettes et non un mémoire. Mais, je rappelle le principal : le corps à besoin de **3 choses essentielles** pour fonctionner correctement, et d'autant plus pendant un effort : de l'**oxygène**, de l'**eau** et des **nutriments.**

Ces molécules issues de l'alimentation, indispensables au bon développement de vos fonctions physiologiques, sont votre carburant.

Que manger pendant l'effort ?

Ce que je propose pour cette rubrique s'applique à ceux qui partent à l'aventure au minimum pendant 1 h. En deçà, il n'est **pas nécessaire** de manger.

Lors de vos sorties ou trainings, il faut avant tout penser :

> **pratique :** barres, gaufres, gels... Pour éviter de s'en coller partout en courant ;

> **ratio poids/calories :** *exit* les purées pour bébés à 90 kcal pour 120 g, dirigez-vous vers des produits pensés pour l'effort, dans lesquels vous trouverez tout ce dont vous aurez besoin ;

> **ce qui vous convient :** n'allez pas essayer de manger comme Robert qui a fini premier à la course du quartier en ayant mangé uniquement des barres de la marque X. En matière de nutrition, rien ne fait courir plus vite. Adaptez votre nourriture à **vos** envies et **vos** besoins.

Adaptez votre consommation en fonction de l'effort, et faites des tests ! Il vaut mieux partir avec trop de nourriture que pas assez. En moyenne, une consommation de 200 kcal/h peut maintenir un niveau d'énergie suffisant. Mais, comme chacun est différent, tout dépendra de l'intensité, de votre économie de course et surtout de la durée de votre sortie.

Attention à la bombe !

Les sucres simples, c'est bien pour les coups de pompe car ça provoque ce qu'on appelle un pic de glycémie : votre corps va se sentir mieux soudainement (hyperglycémie) mais votre foie, lui, va envoyer sa plus belle dose d'insuline pour réguler ça... Or, effort + insuline = coup de pompe, voire hypoglycémie réactionnelle. Elle est fréquente chez certains athlètes.

Si vous décidez de (et si vous pouvez) consommer des gels, pensez à en prendre toutes les 30 à 45 min.

Ce qui se passe pendant les efforts intenses...

Pendant que vous allez vous donner corps et âme dans votre plus belle course, votre cœur va envoyer le sang prioritairement dans vos muscles et vos organes vitaux, le système digestif sera donc moins irrigué... Des problèmes gastriques peuvent survenir chez certains, ce qui peut parfois interrompre une séance ou une compétition. De plus, lorsqu'on court, les secousses (dues à l'impact des pieds sur le sol) peuvent provoquer de fortes vibrations au niveau viscéral, ce qui ralentit la mécanique de digestion. Il est donc essentiel de se tourner vers des aliments qui vous seront faciles à digérer. Certaines personnes ont des systèmes digestifs bien plus résistants que d'autres. Cependant, il est conseillé de consommer des aliments qui ne provoqueront pas d'irritation ou de troubles gastriques à l'effort, on évite donc par exemple l'excès de **fibres**, **fructose** ou **graisses** saturées.

Il existe plusieurs méthodes pour éviter les soucis gastriques :

> habituer son corps à manger pendant l'effort en commençant par de petites quantités. Entraînez votre estomac à l'effort comme les autres muscles de votre corps et faites des tests pour savoir ce qui vous convient le mieux ;

> consommer liquide. Gels, boissons d'efforts, purées... il existe aujourd'hui sur le marché des consommables qui vous apporteront toute l'énergie nécessaire lors de vos sorties (par exemple : Energy drink mix chez NAAK) ;

> s'arrêter pour manger ;

> s'hydrater régulièrement, selon sa soif. Cela facilitera la digestion.

UTMB
SALOMON
LA ROSIERE

Hydratation, première partie

Au quotidien, et d'autant plus pendant un effort d'endurance, il est essentiel de s'assurer que votre corps est bien hydraté, pour éviter de nombreuses contraintes telles que la constipation, les troubles digestifs, la déshydratation.

Attention, la surconsommation de liquides peut, elle aussi, provoquer des troubles digestifs (surtout pendant l'effort).
La couleur de vos urines est un bon marqueur de votre état de santé. L'urine évacue les déchets filtrés par les reins (initialement présents dans le sang).
Il est normal, après une longue sortie ou un entraînement intense, que vos urines soient plus foncées que d'habitude, à cause de la perte d'eau pendant l'effort et de la dégradation de vos tissus musculaires.
Si vous pratiquez un sport d'ultra-endurance à intensité conséquente, faites attention à la rhabdomyolyse (dégradation du tissu musculaire avec contraintes intenses, les urines deviennent alors brun rougeâtre) ; dans ce cas, il est conseillé de consulter un médecin.

APRÈS : LA RÉCUPÉRATION

Pour favoriser une bonne récupération, on se penche sur des recettes avec un duo de choc qui a démontré des effets positifs sur la restauration des réserves de glycogènes :

> **GLUCIDES** (CARBS) + **PROTÉINES** (environ 20/25 g, il ne faut pas trop abuser des protéines pour ne pas empêcher l'absorption des glucides).

Ne vous obligez pas à manger immédiatement après un entraînement (surtout si vous êtes sujets aux troubles digestifs), la fameuse fenêtre métabolique (laps de temps pendant lequel notre corps absorbe le mieux les nutriments pour se reconstruire) dure entre 30 min (c'est le pic) et 4 h en fonction des métabolismes.

Hydratation, deuxième partie

Buvez à votre soif ! Pas la peine de boire 1 l d'un seul coup, cela risquerait juste de vous donner la nausée… Les fruits aussi sont une bonne source d'hydratation et feront le nécessaire pour éviter les fringales : la pastèque, le melon ou l'orange…

Vous pouvez ajouter à votre eau des **électrolytes** pour combler la perte de certains micronutriments, mais il n'existe pas encore d'études concrètes sur la supplémentation en électrolytes (que ce soit durant l'effort ou bien après). L'alimentation seule (si elle est variée et équilibrée) **devrait** combler les besoins. Cependant, si vous en ressentez de quelconques bienfaits et qu'il n'existe pas pour vous de contre-indication, ne vous empêchez pas d'en consommer.

Comment éviter le déficit énergétique ?

Si vous aimez les calculs complexes, il existe des outils en tout genre capables de vous dire combien vous avez brûlé de calories sur une journée, mais ceux-ci restent souvent basés uniquement sur votre rythme cardiaque et ne prennent pas en considération les conditions extérieures (météo, température corporelle, facteur stress…).

Le second outil théorique souvent utilisé pour évaluer la dépense énergétique **à l'effort** : c'est le MET *(metabolic equivalent of task)* ou **équivalent métabolique**, calculé en fonction de l'intensité de l'activité physique. Le MET calcule la dépense énergétique d'une activité physique spécifique, ainsi que son intensité selon des indices donnés.

Grâce à cela, on peut évaluer de manière théorique notre dépense énergétique quotidienne en fonction de nos activités et leur intensité (exemple : le travail assis aura un indice moindre que le travail debout ou en mouvement).

En fonction de ces calculs, c'est à vous d'adapter votre alimentation.

Par la suite, deux éléments sont à prendre en compte :

> **le déficit** calorique (je consomme moins que ce que je dépense) = **perte de poids** ;
> **le surplus** calorique (je consomme plus que ce que je dépense) = **prise de poids**.

Les signes d'un déficit énergétique :

> troubles du sommeil ;
> mauvaise récupération ;
> chute abrupte de la progression ou « contreperformance » ;
> fringales fréquentes ;
> troubles du comportement alimentaire ;
> troubles de l'humeur ;
> dérèglement hormonal (voire arrêt total des règles chez les femmes).

Quand on pratique un sport régulièrement, à mon sens, il est nécessaire de rester attentif (pas paranoïaque non plus) à ces différents signes qui peuvent être passagers certes, mais aussi persistants. Dans ce cas, la meilleure solution est de se rediriger vers un professionnel de santé **qualifié** dans le domaine (médecin du sport, diététicien du sport...).

Je veux me lancer dans une course, la veille je mets quoi dans mon assiette ?

Idéalement la routine alimentaire que vous allez adopter autour de vos entraînements devrait être la même les jours de course.

On ne le répète jamais assez : **le jour de course n'est pas un jour de test.** On reste fidèle à ce qu'on connaît de son corps.

> **ALERTE « pasta party »**
>
> Nombreux sont les détenteurs de dossards à avoir connu l'orgie de pâtes pré-compétition communément appelée « pasta party ».
>
> Le mythe selon lequel les pâtes sont censées être le seul aliment ou presque capable d'apporter l'énergie nécessaire durant un effort d'endurance est **révolu.**

Vos stocks de glucides **ne se font pas la veille de la course**, mais bien **les semaines qui précèdent.**

De plus, généralement, la quantité de glucides nécessaire est déjà présente en grande quantité dans nos organismes.

La veille, il est préférable de **manger normalement**, voire un peu plus légèrement afin de favoriser la digestion et de ne pas aggraver les troubles gastriques déjà engendrés par le stress de la compétition.

Si vous êtes vraiment un adepte des pâtes, préférez une cuisson *al dente* pour garder le maximum de nutriments.

Pourquoi il est important de mieux manger au quotidien quand on est sportif ?

> **Booster son système immunitaire :** c'est la première ligne de défense de notre organisme, il est important d'en prendre soin.

> **Avoir une meilleure récupération :** lors d'un effort intense, notre corps accumule de nombreux traumatismes ou inflammations et sécrète des toxines. Pour les éliminer et mieux récupérer, il est nécessaire de manger varié et équilibré.

> **Limiter le risque de blessures :** une « mauvaise » alimentation peut avoir des effets dits « inflammatoires » sur notre organisme.

> **Avoir une meilleure hygiène de vie :** c'est parfois la solution à vos pépins du quotidien (sommeil, sautes d'humeur, fringales...) et ça passe par la qualité et la quantité de ce qu'on trouve dans vos assiettes.

On passe à TABLE !

Comment se mettre à la cuisine ?

Mon meilleur conseil : faites simple, mais faites vous-même !

C'est à vous de trouver votre propre rythme, ne changez pas drastiquement vos habitudes. Commencez par cuisiner différemment et simplement, on peut cuisiner bon et beau sans être un chef.

Exit les plats et préparations industrielles, pauvres en apports énergétiques et dépourvus de vitamines... Non, mettre un plat industriel au micro-ondes, ça n'est pas de la cuisine !

Trouvez l'inspiration sur les pages *food* de vos influenceurs préférés sur Internet, ou bien, si vous êtes loin des réseaux sociaux, rendez-vous chez votre libraire le plus proche, au rayon cuisine, et laissez-vous guider par votre instinct et vos envies.

LES 2 ÉTAPES FONDAMENTALES

1. On prépare sa liste de courses !

Prenez 10 min de votre temps en fin de semaine, et **listez les plats qui vous font envie** ; ensuite, écrivez la liste de courses. Ainsi, vous ne serez pas tenté par tout et n'importe quoi quand vous irez faire vos commissions, **pas de temps perdu dans les rayons et beaucoup moins de gaspillage à la clé !**

De plus, cette méthode vous évitera de lister les choses que vous avez oubliées sur le chemin du retour à la maison...

2. On prépare au maximum !

En vous organisant un peu mieux, vous éviterez les plats industriels et pâtes au beurre de dernière minute, et surtout vous gagnerez un temps précieux pour le dîner.

Cette méthode n'est autre que le ***batch cooking*** : de nombreuses préparations, comme les soupes, les gratins et autres, sont encore meilleures réchauffées. Attention aux temps de conservation, ne dépassez pas 72 h au frigo et, au-delà, congelez.

Bonus

Augmentez les portions et congelez ! Méthode efficace lorsqu'on est nombreux autour de la table, mais aussi parfaite pour emporter un plat maison au bureau !

Comment gérer son assiette au quotidien ?

Il est important de choisir son alimentation en fonction de soi, chaque corps, chaque métabolisme et chaque mode de vie étant différent et individuel.
On ne répond pas à sa propre demande en recopiant à la lettre le dernier régime à la mode qui fera soi-disant courir plus vite. Écoutez-vous !

DANS VOTRE ASSIETTE, DONNEZ DE L'IMPORTANCE AUX CHOSES SUIVANTES :

Les protéines / PROT

Essentielles pour la construction musculaire mais aussi pour le bon fonctionnement des fonctions cognitives (très important lors des courses), les protéines ont un rôle à jouer et doivent être présentes dans tous vos repas. Cependant, il est **inutile d'en surconsommer**. Notez que le corps ne peut assimiler que 30 g de protéines environ par heure.

Qu'en est-il de la protéine en poudre ?

C'est un substitut pratique mais ce n'est pas aussi efficace qu'une source de protéines non transformées.
Whey, isolat de whey ou protéines végétales, à vous de choisir en fonction de **ce que votre corps est capable de digérer sans grande difficulté**.

Il est de plus conseillé de vérifier :

- > la composition de vos produits (le plus naturel possible) ;
- > la provenance (on pense français/UE avant tout).

Les glucides / CARBS

Commençons par faire simple et **oublions les termes** « sucres **lents** » et « sucres **rapides** ». Les glucides se répartissent en deux grandes familles : **les simples et les complexes**.

Dans la famille des simples, on retrouve : le lactose (lait), le fructose, le glucose, le saccharose (dans les fruits) et le sucre de table blanc (issu de la transformation de la betterave notamment).

En ce qui concerne les glucides complexes, on retrouve par exemple, les aliments avec présence d'amidon : les pommes de terre, les céréales et les produits céréaliers, riz, le blé, le pain, les pâtes, mais aussi les légumes secs, lentilles, pois... et tous les aliments familièrement appelés « féculents ».

Fruits et légumes / GREEN

Pour faire fonctionner la machine, il faut aussi des vitamines, des minéraux et des fibres... et pour cela, il faut consommer des légumes. Mais attention à la cuisson qui détruit les apports en nutriments des aliments !
Top 3 des meilleures cuissons : vapeur, à l'eau bouillante, au four !

Consommez aussi des fruits, bien sûr, mais pas à outrance ! Ils sont riches en fructose, donc en sucres (voir glucides simples), il est recommandé d'en consommer 2 portions par jour. Préférez les fruits à indice glycémique (IG) bas ou modéré.

Et pour les fruits secs ? Ils doivent avoir leur place dans votre alimentation car ils sont très complets, sources d'omega-3 et 6, de protéines végétales, vitamines, minéraux... mais très riches. On en parle plus bas.

Et les lipides / FAT

Arrêtez de bouder les matières « grasses » ! Tous les éléments gras sont appelés lipides, mais « gras » n'est pas synonyme de « mauvais ».
Le gras est essentiel à la santé. Dans notre société, il est consommé en trop grande quantité mais surtout de **mauvaise qualité**.

Ce qu'on devrait éviter : les graisses dites « saturées », celles qui vont avoir tendance à faire exploser le taux de cholestérol si vous y êtes sujet (viandes grasses, produits laitiers entiers, beurre...).

On mise tout (mais pas trop) sur les graisses non saturées : huile d'olive, colza et aliments de type avocat, noix, graines et poisson gras.

Variez les plaisirs : chaque huile a des propriétés particulières, vous pouvez donc varier les plaisirs au quotidien.

Attention : les huiles, même si elles sont pleines de bienfaits, restent des bombes caloriques (900 kcal/100 g) à consommer avec modération.

Le meilleur pour la fin

On ne va pas se mentir, le sucre, c'est bon et parfois ça fait même du bien, mais c'est aussi un véritable poison quand il n'est pas consommé avec modération.

Le sucre qu'on doit chasser est celui qui est transformé, c'est aussi celui qui est présent dans de trop nombreux produits transformés, c'est celui qui ne va vous apporter que des problèmes de santé. Autrement dit : le sucre raffiné !

Pour votre quotidien, je vous propose ici quelques alternatives **naturelles** afin de remplacer le sucre blanc présent jusqu'ici dans votre alimentation (avec le café, dans vos desserts) :

- sirop d'érable ;
- sirop d'agave ;
- sucre de coco ;
- miel ;
- stevia ;
- les petits nouveaux : yacon et xylitol
(attention à la provenance de ces produits).

MCC
11287
Alix

Strong

Les 10 commandements de ma nutrition au quotidien

1. Je cuisine maison autant que possible ! C'est le meilleur moyen d'apprendre, et de gérer ce qu'il y a dans mon assiette.
2. J'essaie de manger local et surtout de saison.
3. Je mange en pleine conscience, c'est-à-dire loin des smartphones, écrans, télévision...
4. Je mets de la couleur dans mon assiette, on mange aussi avec les yeux... Soyez *funky* !
5. Je mange lentement. Mâcher est la première étape pour une bonne digestion, et la bonne absorption des nutriments par mon estomac.
6. Je choisis d'assaisonner avec des épices et des herbes mes aliments plutôt que de mettre trop de sel, pour éviter l'hypertension et la rétention d'eau à outrance.
7. Je choisis des légumes riches en fibres pour réguler l'IG* de mon assiette, et donc éviter les coups de pompe après le repas et les fringales.
8. Je m'hydrate régulièrement en fonction de mes besoins (on ne répétera jamais assez que les sodas sont à proscrire). Selon les personnes et leurs activités physiques, les besoins en eau diffèrent. Cependant, n'oubliez pas que le corps est fait de 70 % d'eau.
9. J'optimise mes collations autour de l'entraînement, surtout si j'ai tendance à me jeter sur le premier consommable venu en rentrant de mon training.
10. Je garde dans ma cuisine des aliments de « base ». En cas de repas express, je n'ai plus qu'à agrémenter mes légumineuses, riz ou pâtes avec quelques légumes !

Bonus

Je ne saute pas de repas pour être en déficit calorique (pour perdre du poids)... Cette règle est surtout importante pour ceux qui n'ont pas l'habitude de jeûner... *DON'T DO THIS !*

Planifiez, lisez les étiquettes, congelez si besoin, mangez des aliments de saison, consommez local.

* indice glycémique

Extraits d'AVENTURES

KINET
Ultra-Trail

THE NORTH FACE
CHARLEV

SALOMON

POLARIS
985

1

Les p'tits déj'

Voilà de quoi éveiller vos papilles et bien commencer la journée ! Si vous n'avez pas l'habitude de manger le matin et que vous n'y voyez aucun désagrément physiologique, ne vous forcez pas... Cependant, si vous savez que votre journée va être intense, il est préférable de prévoir une collation un peu plus tard dans la matinée. Au réveil, pensez à boire un grand verre d'eau à température ambiante pour nettoyer vos intestins et réveiller votre corps en douceur. Astuce pour les pressés du matin : préparez votre petit déjeuner la veille !

VEGAN

MATIN

Les pâtes à tartiner

Exit les pâtes à tartiner industrielles ! Essayer les recettes maison, c'est les adopter...

Choco-nuts

Pour **1** pot | **5** min de préparation

35 g de noisettes torréfiées
180 g de pois chiches cuits
110 g de sirop d'érable ou de sucrant liquide
50 g de poudre de cacao cru
1 cuil. à soupe d'huile végétale (colza, tournesol...)
2 cuil. à soupe de boisson végétale

MATÉRIEL
Blender
1 pot en verre avec couvercle

1. Mixez tous les ingrédients jusqu'à l'obtention d'une texture homogène.

2. Transvasez dans le pot en verre.

Astuce !

Pour des noisettes torréfiées maison, enfournez les noisettes crues à 180 °C (th. 6) pendant 12 à 15 min.

Coco-nuts

Pour **1** pot | **5** min de préparation

300 g de noix de cajou grillées
1 cuil. à soupe d'huile de coco (ou d'huile végétale)
30 g de noix de coco râpée

MATÉRIEL
Blender
1 pot en verre avec couvercle

1. Mixez les noix de cajou avec l'huile de coco jusqu'à l'obtention d'une texture homogène.

2. Ajoutez la noix de coco râpée et mixez de nouveau.

3. Transvasez dans le pot en verre.

À savoir !

Les noix de cajou sont riches en cuivre, ce qui favorise l'absorption du fer et la production de globules rouges !

Sexy da(t)te

Pour **1** pot | **2** h de trempage | **5** min de préparation

150 g de dattes dénoyautées
200 g d'amandes grillées nature
1 cuil. à soupe d'huile végétale

MATÉRIEL
Blender
1 pot en verre avec couvercle

À savoir !

Les amandes sont riches en vitamine E, un puissant antioxydant !

1. Faites tremper les dattes dénoyautées pendant 2 h au moins dans un bol d'eau.

2. Coupez les dattes en morceaux et mixez-les avec l'huile végétale jusqu'à l'obtention d'une pâte homogène. Placez-la dans un bol.

3. Mixez les amandes grillées jusqu'à l'obtention d'une texture homogène. Afin de liquéfier la pâte, vous pouvez ajouter de l'huile végétale.

4. Versez la pâte de dattes sur la préparation d'amandes et mixez de nouveau.

5. Transvasez dans le pot en verre.

Chia pudding

aux fruits de saison

Pour **4** personnes | **5** à **10** min de préparation | **1** nuit de repos

VEGGIE

MATIN

AVANT L'EFFORT

180 g de flocons de riz

4 cuil. à soupe de graines de chia

4 cuil. à soupe de sirop d'érable ou d'agave

400 ml de lait ou de boisson végétale

4 portions de fruits de saison (de 80 à 100 g par portion)

1. Au fond de 4 pots, placez les fruits de votre choix, lavés et coupés en morceaux si besoin.

2. Dans un bol, mélangez tous les autres ingrédients et versez la préparation dans les petits pots.

3. Laissez reposer au frais pendant la nuit et dégustez dès le lendemain matin.

Astuce !

Ajoutez quelques noix concassées en topping.

VEGGIE

MATIN

AVANT L'EFFORT

Pancakes

sans gluten

Pour **8** pancakes | **5** min de préparation | **30** min de repos | **3** min de cuisson par pancake

Idéal au p'tit déj' ou en collation puisqu'on peut les emporter partout !

160 g de farine de patate douce

250 g de fromage blanc

1 sachet de levure chimique

2 œufs

Quelques gouttes d'amande amère

Huile végétale

1. Mélangez tous les ingrédients dans un bol et laissez reposer la pâte à température ambiante pendant 30 min au moins.

2. Faites chauffer un peu d'huile dans une poêle sur feu doux et épongez l'excédent. Déposez un peu de pâte dedans et laissez cuire jusqu'à l'apparition de petites bulles. Retournez alors le pancake et laissez-le cuire de l'autre côté (pas plus d'une minute).

Astuce !

À déguster chaud ou froid avec une pâte à tartiner maison (voir p. 30-31) ou le topping de votre choix !

Granola
exotique

Pour **1** bocal | **5** min de préparation | **25** à **35** min de cuisson

VEGAN

MATIN

AVANT L'EFFORT

200 g de flocons d'avoine

200 g de flocons de riz

150 g de mélange de noix (amandes, noix de Grenoble, pistaches...)

1 orange non traitée (le zeste)

50 g de copeaux de noix de coco séchée

5 tranches d'ananas séchées

5 tranches de mangue séchées

4 cuil. à soupe de sirop d'érable ou stevia

1 cuil. à soupe d'huile végétale

1. Préchauffez le four à 165 °C (th. 5-6). Dans un bol, mélangez les flocons d'avoine et de riz, les noix, le sirop d'érable et l'huile.

2. Étalez le mélange sur une plaque recouverte de papier sulfurisé puis enfournez 20 à 30 min en remuant régulièrement (toutes les 5 min environ) pour que le granola soit uniformément doré.

3. En fin de cuisson, ajoutez le zeste d'orange et les fruits séchés et prolongez la cuisson de 5 min.

4. Placez dans un bocal hermétique. Vous pouvez le conserver 1 semaine.

Astuce !

À déguster avec une boisson végétale, un yaourt ou même comme topping sur vos desserts préférés !

VEGGIE

MATIN

AVANT L'EFFORT

Muesli

choco-graines'berry

Pour **1** bocal | **5** min de préparation

15 g de noisettes

15 g de noix de cajou

75g de flocons d'avoine

50 g de flocons de quinoa

25 g de riz soufflé

20 g de cranberries

20 g de pépites de chocolat

20 g de graines de courge

10 g de graines de tournesol

1. Concassez les noisettes et les noix de cajou. Vous pouvez les placer dans un torchon propre et les écraser avec un rouleau à pâtisserie.

2. Mélangez tous les ingrédients et conservez la préparation dans un bocal hermétique.

À savoir !

Contrairement au granola, le muesli n'est pas une préparation cuite.

Le *morning* couscous

VEGGIE

MATIN

AVANT L'EFFORT

Pour **4** personnes | **20** min de préparation

200 g de semoule intégrale

2 pommes

4 cuil. à soupe de sirop d'érable

20 g de beurre

2 cuil. à café de cannelle

40 g de raisins secs

1. Faites cuire la semoule comme indiqué sur le paquet.

2. Pendant ce temps, coupez les pommes en petits dés et mélangez-les avec 2 cuil. à soupe de sirop d'érable.

3. Dès que la semoule est prête, faites fondre le beurre dedans en mélangeant, puis versez dessus le reste du sirop d'érable et la cannelle.

4. Disposez les dés de pommes dans le fond des bols, déposez la semoule dessus puis parsemez de raisins secs.

Astuce !

Si les pommes ne sont pas traitées, conservez leur peau très riche en vitamines et antioxydants. La pectine qu'elles contiennent favorise l'effet de satiété.

VEGGIE

MATIN

AVANT L'EFFORT

Porridge express

cœur chocolat

Pour **4** portions | **10** min de préparation | **5** à **10** min de repos

Un petit déjeuner parfait pour faire le plein d'énergie : le mélange étant consistant, il vous évitera les fringales de la matinée !

180 g de flocons d'avoine

1 cuil. à café de cannelle

300 ml d'eau

3 cuil. à soupe de miel d'acacia

4 carrés de chocolat noir

2 bananes

1. Mélangez les flocons d'avoine et la cannelle dans un récipient.

2. Faites bouillir l'eau et versez sur la préparation. Remuez, ajoutez le miel et laissez reposer 5 à 10 min jusqu'à ce que les flocons d'avoine gonflent et deviennent un peu collants.

3. Répartissez la préparation dans 4 ramequins ou bols de service. Enfoncez 1 carré de chocolat au centre de chacun.

4. Pelez et coupez les bananes en rondelles, et déposez-les sur le dessus au moment de déguster.

— *Astuce !*

À déguster chaud ou froid, avec une pâte à tartiner maison (voir p. 30-31) ou le topping de votre choix !

Home-lette

VEGGIE

MATIN

AVANT L'EFFORT

Pour **4** portions | **10** min de préparation | **10** à **15** min de cuisson

1 bloc de tofu fumé
4 champignons de Paris
8 œufs
80 g d'emmental râpé
8 tomates cerise
1 cuil. à café de curcuma
Huile végétale
Sel, poivre

1. Lavez les champignons. Coupez le bloc de tofu en dés et les champignons en lamelles.

2. Faites chauffer un peu d'huile dans une poêle et faites revenir le tofu et les champignons 5 à 10 min. Ajoutez le curcuma.

3. Dans un saladier, battez les œufs puis salez et poivrez.

4. Versez les œufs dans la poêle, ajoutez l'emmental et faites cuire l'omelette 5 min à feu doux en couvrant.

5. Lavez et coupez les tomates cerise en quartier, parsemez-en sur l'omelette avant de servir.

Variante

Pour les amoureux de salé le matin, l'omelette se décline de mille façons, soyez créatif !

2

L'apéro

Ne redoutez plus ce moment convivial et revisitez-le avec ces quelques recettes saines et colorées, qui seront vite adoptées par toute la famille et qui feront oublier les biscuits industriels ou les légumes crus qui manquent cruellement de fantaisie.

VEGAN

APRÈS L'EFFORT

Houmous

de poivrons rouges

Pour **4** personnes | **5** min de préparation | **30** min de cuisson | **2** h de repos

200 g de poivrons rouges

400 g de pois chiches cuits en conserve

2 gousses d'ail

1 citron vert (le jus)

1 cuil. à café de piment d'Espelette

Huile d'olive

Sel, poivre

MATÉRIEL

Mixeur

1. Préchauffez le four à 200 °C (th. 6-7).

2. Étalez les poivrons sur une plaque de cuisson recouverte de papier sulfurisé et enfournez 30 min environ, il faut que la peau soit facilement détachable.

3. Laissez-les refroidir avant de les peler. Épluchez les gousses d'ail et émincez-les. Pressez le citron.

4. Réunissez tous les ingrédients dans le mixeur, ajoutez 1 cuil. à soupe d'huile d'olive et mixez jusqu'à obtention d'un mélange homogène. Salez et poivrez.

5. Laissez reposer au frais 2 h avant de servir.

Houmous
de petits pois

VEGAN

APRÈS L'EFFORT

Pour **4** personnes | **10** min de préparation | **5** min de cuisson | **2** h de repos

400 g de petits pois cuits

1 échalote

1 gousse d'ail

200 ml de crème fraîche liquide

100 ml d'eau

1 bouquet de menthe

Huile d'olive

Sel, poivre

MATÉRIEL

Mixeur

1. Épluchez et émincez l'échalote et l'ail. Faites-les revenir 5 min dans une poêle sur feu vif avec un peu d'huile d'olive.

2. Dans le mixeur, réunissez les petits pois, l'échalote et l'ail, la crème, l'eau, du sel et du poivre. Mixez.

3. Hachez finement les feuilles de menthe et ajoutez au mélange.

4. Laissez reposer 2 h au frais avant de servir.

VEGAN

APRÈS L'EFFORT

Chips
de légumes

Pour **4** personnes | **15** min de préparation | **1** min de cuisson

Voici une belle alternative aux chips industrielles.

1 panais

1 carotte

1 patate douce

1 betterave

2 cuil. à café de paprika

4 cuil. à soupe d'huile d'olive

Sel, poivre

1. Préchauffez le four à 150 °C (th. 5). Épluchez puis taillez les légumes en fines lamelles, avec une mandoline si vous en avez l'habitude.

2. Versez les légumes dans un saladier. Ajoutez le paprika, du sel, du poivre et l'huile. Mélangez à la main pour éviter de briser les lamelles de légumes.

3. Laissez cuire 1 h 30 dans une casserole à couvert en ouvrant de temps en temps pour laisser s'échapper l'eau dégagée par les légumes.

Variante

Vous pouvez les assaisonner à votre convenance, en y ajoutant des herbes de Provence par exemple !

Pois chips

VEGAN

APRÈS L'EFFORT

Pour **4** personnes | **5** min de préparation | **30** min de cuisson

400 g de pois chiches cuits

50 g de parmesan râpé

2 cuil. à café d'huile d'olive

Sel, poivre

1. Préchauffez le four à 160 °C (th. 5-6). Séchez les pois chiches à l'aide de papier absorbant pour enlever l'excès d'eau.

2. Dans un bol, mélangez-les avec l'huile, le parmesan, du sel et du poivre à votre convenance.

3. Disposez-les en une couche sur une plaque de cuisson recouverte de papier sulfurisé et enfournez pendant 30 min en remuant la préparation à mi-cuisson.

4. Laissez refroidir avant de servir.

À savoir !

Le parfait combo protéines + glucides !

VEGGIE

APRÈS L'EFFORT

Pizza
Marianne

Pour **6** à **8** portions | **10** min de préparation | **15** min de cuisson environ

Cette recette m'a été inspirée par une amie et grande athlète, Marianne Hogan, dont le palmarès et le sourire pourraient en faire rougir plus d'un. Elle m'a fait découvrir ce petit plaisir lors de retrouvailles entre amis au Canada, c'est depuis un de mes indispensables à l'apéro !
*Suivez les aventures de ce petit bout de femme solaire sur Instagram : @mariannehogan_*
3e place à la Western State 100, 2e à l'UTMB® et le meilleur est à venir.

1 bloc de tofu ferme (500 g)

250 ml de sauce tomate à pizza ou sauce tomate express (voir astuce)

120 g de fromage râpé (de votre choix)

Paprika

Huile d'olive

Sel, poivre

1. Préchauffez le four à 200 °C (th. 6-7). Coupez le bloc de tofu dans la longueur en 6 à 8 tranches, selon son épaisseur.

2. Faites dorer les tranches de tofu de 2 à 3 min de chaque côté dans une poêle avec un peu d'huile d'olive.

3. Déposez les tranches de tofu sur une plaque de four tapissée de papier sulfurisé. Garnissez de sauce tomate et de fromage râpé.

4. Enfournez pendant 8 à 10 min (vous pouvez faire gratiner 2 min de plus en fin de cuisson).

5. Laissez tiédir avant de servir.

Astuce !

Pour préparer ma sauce tomate express, je fais revenir dans de l'huile d'olive pendant 5 à 10 min sur feu moyen 250 g de tomates cerise avec 2 gousses d'ail hachées et du basilic frais. J'assaisonne et je mixe le tout !

Focaccia

de Tristan

VEGAN

APRÈS L'EFFORT

Pour **6** personnes | **20** min de préparation | **4** h de repos | **20** min de cuisson

J'ai rencontré Tristan Peugeot grâce aux réseaux sociaux. Amoureux de la nature, du grand air et de bonne bouffe, j'ai retrouvé chez cet homme la passion du partage et des grandes tablées conviviales. Tristan jongle parfaitement entre vie de famille, sport, cuisine et travail. Un mode de vie qu'il partage sans filtre sur ses réseaux. Je vous invite à découvrir son univers culinaire sur son site : peugeot-tristan.fr. Vous pouvez aussi apprendre le batchcooking entre deux montées du Ventoux via son instagram @peugeot_tristan

500 g de farine dont au moins 60 % de farine de blé raffinée (T55)

300 g d'eau

1 sachet de levure boulangère sèche

8 g de sel

80 g d'huile d'olive

Thym

Fleur de sel

MATÉRIEL

Robot

1. Diluez la levure dans l'eau tiède (pas chaude, sinon la levure ne prend pas). Ajoutez la farine, le sel et 50 g d'huile d'olive.

2. Pétrissez pendant 10 min à la main ou bien au robot.

3. Déposez un torchon humide sur la pâte. Laissez lever au moins 2 h dans un espace proche d'une source de chaleur (fenêtre au soleil, radiateur…).

4. Étalez la pâte dans un plat à gratin. Marquez (faites des empreintes dans la pâte) avec les doigts puis graissez avec 20 g d'huile d'olive environ. Assaisonnez le dessus de la focaccia de thym et de fleur de sel.

5. Laissez à nouveau lever 2 h.

6. Préchauffez à 200 °C (th. 6-7). Enfournez pendant 20 min.

7. Huilez à nouveau le dessus à la sortie du four.

À savoir !

Comptant parmi les coups de cœur de Tristan, cette recette me rappelle la chaleur du Sud et le bruit des cigales lorsque je suis loin de chez moi.

3

Les repas

Je vous offre ici les recettes de mon quotidien, de la cuisine simple, authentique, sans artifices ! Les assiettes que je vous propose sont très riches en nutriments, souvent composées de « superaliments » qui participent au bon fonctionnement de notre système immunitaire et qui vont apporter à votre corps l'énergie nécessaire pour bien avancer. Vous vous en rendrez compte par vous-même, la plupart de mes recettes sont végétariennes, j'ai naturellement diminué ma consommation de viande, pour des raisons de confort digestif et je n'ai aucune carence.

VEGGIE

MIDI

Pas si nouilles

Sauté de nouilles de courgettes au pesto de kale et œuf mollet

Pour **4** personnes | **10** min de préparation | **10** min de cuisson environ

3 courgettes

Pesto de kale (voir recette p. 111)

4 œufs

200 g de tomates cerise

Graines de courge

Pignons de pin

1 cuil. à soupe d'huile d'olive

1. Lavez les courgettes. Taillez des tagliatelles dans les courgettes à l'aide d'une mandoline ou d'un économe.

2. Faites chauffer une poêle avec l'huile d'olive et laissez revenir les nouilles de courgettes quelques minutes. Il faut qu'elles restent fermes. Ajoutez le pesto de kale à votre convenance et poursuivez la cuisson à feu doux 2 min de plus.

3. Faites cuire les œufs dans l'eau bouillante pendant 6 min. Passez-les ensuite sous l'eau froide pour stopper la cuisson.

4. Coupez les tomates cerise en deux. Au moment de servir, disposez les demi-tomates sur les courgettes et décorez de graines de courge et de pignons.

Astuce !

Pour la cuisson des œufs, pensez 3, 6, 9 : c'est le temps de cuisson, en minutes, pour l'œuf à la coque, l'œuf mollet et l'œuf dur !

Tuerie de curry

Curry de patates douces aux épinards

VEGAN

SOIR

Pour **4** personnes | **10** min de préparation | **20** min de cuisson

3 grosses patates douces

1 oignon

2 gousses d'ail

1 pouce de gingembre

1 cuil. à café de curcuma

½ cuil. à café de piment d'Espelette

250 ml de bouillon de légumes

400 ml de lait de coco

1 cuil. à soupe de moutarde à l'ancienne

100 g d'épinards frais

Huile d'olive

1. Épluchez et coupez les patates douces en dés. Pelez et hachez l'oignon. Pelez et écrasez l'ail.

2. Faites chauffer de l'huile d'olive dans une cocotte et faites revenir l'oignon haché. Ajoutez l'ail écrasé et râpez le gingembre. Assaisonnez de curcuma, de gingembre et de piment. Laissez cuire sur feu doux en remuant jusqu'à ce que le mélange brunisse légèrement.

3. Versez le bouillon de légumes, le lait de coco et la moutarde à l'ancienne dans la cocotte. Ajoutez les patates douces à la préparation puis portez à ébullition et laissez cuire à feu doux pendant une bonne dizaine de minutes.

4. Quand les dés de patates sont tendres, incorporez les épinards frais, couvrez et coupez le feu. Votre curry est prêt !

Astuce !

Vous pouvez servir ce curry avec une portion de quinoa ou bien du riz basmati. Lors du dressage, ajoutez du persil ou de la coriandre fraîche !

VEGGIE

MIDI

Qui mange de la salade, n'est jamais malade

Salade de courge et de lentilles vertes

Pour **4** personnes | **15** min de préparation | **25** à **30** min de cuisson

250 g de lentilles vertes

1 courge butternut

2 échalotes

2 brins de menthe fraîche

300 g d'épinards frais

Graines de courge

150 g de ricotta

Huile d'olive

Sel, poivre

1. Faites cuire les lentilles selon les indications du paquet, puis assaisonnez-les et réservez-les dans un saladier.

2. Préchauffez le four à 220 °C (th. 7-8). Épluchez la courge, enlevez les graines et détaillez-la en quartiers. Étalez les morceaux sur une plaque de cuisson recouverte de papier sulfurisé, assaisonnez-les de sel, de poivre, versez un filet d'huile d'olive puis enfournez pendant 25 min maximum, en retournant les morceaux à mi-cuisson.

3. Épluchez et émincez les échalotes. Hachez la menthe. Dans un saladier, mélangez les épinards frais avec les lentilles refroidies, les échalotes, la menthe et une poignée de graines de courge.

4. Dressez une portion de salade dans chaque assiette de service, disposez quelques quartiers de courge dessus puis ajoutez un peu de ricotta émiettée.

Astuce !

Vous pouvez assaisonner votre salade avec l'une des sauces proposées p. 112-118, sinon le combo jus de citron-huile d'olive sera votre meilleur allié !

La grande asperge

Asperges au parmesan

VEGAN

MIDI

Pour **4** personnes | **10** min de préparation | **10** min de cuisson

Le meilleur remède pour faire manger « du vert » à toute la famille.

1 botte d'asperges
1 grosse carotte
100 g de parmesan
80 g de pignons de pin
Huile d'olive
Sel, poivre

1. Coupez les extrémités des asperges et faites-les revenir dans une poêle pendant 10 min avec un filet d'huile d'olive.

2. Épluchez et coupez la carotte en rondelles fines et ajoutez-les à mi-cuisson. Salez et poivrez.

3. Disposez les asperges dans les assiettes, ajoutez le parmesan râpé et les pignons de pin.

VEGAN

SOIR

Cailloux, choux, genoux...

Choux de Bruxelles rôtis aux noix

Pour **4** personnes | **10** min de préparation | **30** à **35** min de cuisson

450 g de choux de Bruxelles

2 pommes

30 g de noix de Grenoble

Huile d'olive

Sel, poivre

1. Préchauffez le four à 180 °C (th. 6). Coupez la base des choux puis coupez-les en deux. Coupez les pommes en fines lamelles sans enlever la peau.

2. Dans un saladier, mélangez les choux, les pommes et les noix puis assaisonnez d'huile d'olive, de sel et de poivre.

3. Étalez le tout sur une plaque de cuisson recouverte de papier sulfurisé et enfournez pendant 30 à 35 min en remuant régulièrement.

Variante

Vous aimez le sucré-salé ? Ajoutez 2 cuil. à soupe de sirop d'érable ou de stevia liquide à la sortie du four !

Salade de fruits jolie, jolie

Salade quinoa-avocat-orange

VEGAN

MIDI

Pour **4** personnes | **10** min de préparation | **15** min de cuisson

1 sachet de quinoa

2 oranges (non traitées de préférence)

2 avocats

2 échalotes

1 sachet de mâche

Sel, poivre

1. Faites cuire le quinoa selon les indications du paquet dans de l'eau salée et laissez refroidir.

2. Épluchez 1 orange et coupez-la en petits dés. Coupez en deux les avocats, ôtez le noyau et la peau, et émincez la chair. Pelez et émincez les échalotes.

3. Dans un saladier, réunissez la mâche, l'orange, les avocats et les échalotes. Mélangez le tout. Zestez la seconde orange puis pressez-la sur le saladier.

4. Salez, poivrez et servez.

À savoir !

L'avocat permet de garder un taux de glycémie stable, il facilite la digestion grâce à sa teneur en fibres et c'est une excellente source de « bon gras ». Attention cependant à ne pas en abuser car il reste très riche !

VEGGIE

SOIR

Gratin provençal

Gratin de légumes

Pour **4** personnes | **15** min de préparation | **35** min de cuisson

3 aubergines

2 courgettes

1 échalote

3 gousses d'ail

600 g de chair de tomates en conserve

200 g de mozzarella

400 g de haricots rouges cuits

50 g de parmesan

Thym

Herbes de Provence

Basilic frais

Huile d'olive

Sel, poivre

1. Préchauffez le four à 200 °C (th. 6-7). Lavez et coupez les aubergines et les courgettes en tranches fines (vous pouvez enlever la peau des aubergines). Déposez-les sans les superposer sur une plaque de cuisson recouverte de papier sulfurisé, badigeonnez-les d'huile d'olive, assaisonnez-les de sel, de poivre, de thym et d'herbes de Provence.

2. Enfournez la plaque pendant 20 min et retournez les tranches à mi-cuisson. À la fin de la cuisson, sortez les légumes et baissez la température du four à 180 °C (th. 6).

3. Pendant ce temps, pelez et émincez l'échalote. Dans une poêle, faites revenir l'échalote et l'ail pelé et pressé avec un peu d'huile et ajoutez la chair de tomates. Laissez mijoter une dizaine de minutes.

4. Comme pour confectionner des lasagnes, alternez, dans un plat à gratin, les couches d'aubergines, de courgettes, le mijoté de tomates, quelques tranches de mozzarella et les haricots rouges. Déposez une dernière couche de tomates, saupoudrez de parmesan râpé et enfournez 15 min.

5. Vous pouvez parsemer de basilic frais avant de servir.

À savoir !

Les haricots rouges sont une excellente source de protéines végétales !

Salade gourmande

Salade de chou kale, poire, bleu et noix

VEGGIE

MIDI

Pour **4** personnes | **10** min de préparation | **30** min de cuisson

3 panais

20 cerneaux de noix

4 cuil. à café de miel

3 poires

4 belles poignées de feuilles de chou kale

100 g de bleu

1 cuil. à soupe de vinaigre balsamique

2 cuil. à café de moutarde

Huile d'olive

Sel, poivre

1. Préchauffez le four à 200 °C (th. 6-7). Lavez et épluchez les panais, coupez-les en cubes et placez-les sur une plaque de cuisson recouverte de papier sulfurisé. Versez de l'huile d'olive, salez et poivrez puis enfournez pendant 30 min environ, jusqu'à ce que les panais soient dorés.

2. Dans un bol, mélangez les cerneaux de noix avec 1 cuil. à soupe d'huile d'olive, 2 cuil. à café de miel et un peu de sel. Faites revenir les cerneaux de noix dans une poêle à feu moyen quelques minutes sans les faire brûler.

3. Lavez et coupez les poires en fines lamelles.

4. Dans un bol, préparez la vinaigrette en mélangeant 4 cuil. à soupe d'huile d'olive, 1 cuil. à soupe de vinaigre balsamique, la moutarde et le reste de miel (2 cuil. à café).

5. Dans les assiettes, répartissez le chou, les panais, les lamelles de poires, les noix caramélisées et le bleu. Assaisonnez de vinaigrette et dégustez.

Astuce !

Le chou kale contient deux fois plus de nutriments que le chou classique (préférez le bio). Pour la bonne absorption des nutriments, associez-le toujours avec une source de « gras » type huile d'olive ou de lin.

VEGGIE

C'tait caché

Steak végétarien

Pour **4** personnes | **10** min de préparation | **15** à **20** min de repos | **20** min de cuisson

Grâce aux légumineuses et aux œufs présents dans cette préparation, ce steak est riche en protéines. Une recette idéale pour réaliser de bons burgers maison.

450 g de haricots rouges cuits

2 œufs

1 poignée de persil frais

30 g de parmesan râpé

2 cuil. à café de moutarde

80 g de farine complète

Huile d'olive

Sel, poivre

1. Dans un saladier, à l'aide d'une fourchette, écrasez les haricots avec les œufs, le persil haché, le parmesan râpé, la moutarde, du sel et du poivre. Incorporez la farine pour lier le mélange. Il faut en mettre assez pour donner de la consistance.

2. Laissez reposer 15 à 20 min au frais pour que la préparation se fige légèrement.

3. Façonnez ensuite les steaks végétariens avec vos mains en faisant une boule que vous allez aplatir.

4. Dans une poêle, faites chauffer un peu d'huile et faites revenir les steaks pendant 10 min de chaque côté, pour qu'ils soient bien dorés.

Variante

Vous pouvez remplacer la farine complète par de la chapelure.

Burger Queen

Burger de patate douce

VEGGIE

SOIR

Pour **4** personnes | **10** min de préparation | **25** min de cuisson environ

4 steaks végétariens maison (voir recette p. 84)

2 patates douces

1 oignon

1 tomate

Ketchup ou mayonnaise (voir recettes p. 106)

Quelques feuilles de salade

1 cuil. à café de curry de Madras

Herbes de Provence

Huile d'olive

Sel, poivre

1. Préparez les steaks.

2. Préchauffez le four à 200 °C (th. 6-7). Lavez et coupez les patates douces en tranches de moins d'1 cm. Disposez-les sur une plaque de cuisson recouverte de papier sulfurisé, badigeonnez-les d'huile d'olive puis assaisonnez avec le curry, du sel, du poivre et un peu d'herbes de Provence. Enfournez pendant 20-25 min.

3. Faites cuire les steaks dans une poêle avec un peu d'huile d'olive.

4. Épluchez et coupez l'oignon en rondelles puis faites-le revenir dans la poêle des steaks.

5. Lavez et coupez la tomate en rondelles.

6. Dès la cuisson des patates douces terminée, déposez la sauce de votre choix sur la moitié des tranches, déposez les steaks dessus, les rondelles de tomate et d'oignon et de la salade, puis refermez avec les autres tranches.

Astuce !

Vous pouvez remplacer les steaks végétariens par de la viande à votre guise, choisissez-la bio si possible et sans antibiotiques dans tous les cas.

salomon

VEGGIE

MIDI

Pas si tarte

Tarte aux courgettes

Pour **4** personnes | **10** min de préparation | **30** min de cuisson

Quand je n'ai pas le temps de faire une pâte maison, je préfère acheter des galettes de sarrasin plutôt qu'utiliser une pâte brisée toute faite... En effet, le sarrasin est riche en protéines, vitamines et sels minéraux, un atout qui fait clairement la différence avec une pâte classique.

3 courgettes
6 galettes de sarrasin
120 g de bûche de chèvre
3 œufs
15 cl de crème liquide
2 gousses d'ail
Sel, poivre

1. Préchauffez le four à 180 °C (th. 6). Lavez et coupez les courgettes en lamelles dans la longueur à l'aide d'un économe. Roulez chaque lamelle sur elle-même.

2. Dans un plat à tarte, superposez les galettes de sarrasin, il ne faut pas qu'il y ait d'espace libre dans le plat.

3. Disposez les courgettes enroulées sur le dessus, coupez le chèvre et répartissez-le uniformément entre les courgettes.

4. Dans un bol, battez les œufs avec la crème, salez, poivrez et ajoutez l'ail préalablement pelé et écrasé. Versez l'appareil aux œufs sur la tarte.

5. Enfournez pendant 30 min.

Astuce !

Après la cuisson, vous pouvez ajouter des pignons de pin grillés pour un peu plus de croustillant.

Salade sans tabou

Taboulé de chou-fleur

VEGAN

MIDI

Pour **4** personnes | **15** min de préparation | **1** h de repos

Le chou-fleur, c'est la nouvelle semoule ! Cru, il garde tous ses bons nutriments.

1 chou-fleur

1 citron (le jus)

1 concombre

2 tomates

1 pomme

2 oignons nouveaux

½ bouquet de persil

½ bouquet de ciboulette

1 poignée de raisins secs

4 cuil. à soupe d'huile d'olive

Sel, poivre

MATÉRIEL

Mixeur

1. Découpez le chou-fleur en bouquets. Mixez-le en semoule à l'aide du robot. Versez le chou-fleur dans un grand saladier puis ajoutez le jus du citron, l'huile d'olive, du sel et du poivre. Laissez reposer 1 h au frais.

2. Lavez et coupez le concombre, les tomates et la pomme en dés. Taillez les oignons nouveaux en rondelles.

3. Ciselez finement le persil et la ciboulette.

4. Mélangez tous les ingrédients avec le chou-fleur et disposez les raisins sur le dessus avant de servir.

Le petit plus !

Vous pouvez parsemer le plat de menthe fraîche avant de servir.

VEGGIE

SOIR

Crozi-folle

Gratin de crozets aux endives

Pour **4** personnes | **15** min de préparation | **15** à **20** min de cuisson

Le meilleur moyen de faire manger des endives à toute la famille !

200 g de crozets au sarrasin

4 grosses endives

2 échalotes

1 gousse d'ail

3 cuil. à soupe de crème fraîche

1 petit reblochon (200 g environ)

Huile d'olive

Sel, poivre

1. Préchauffez le four à 180 °C (th. 6). Faites cuire les crozets selon les indications du paquet puis égouttez-les et rincez-les.

2. Coupez les endives en rondelles. Pelez les échalotes et l'ail.

3. Faites revenir dans une poêle les endives dans un peu d'huile. Ajoutez les échalotes et l'ail écrasé, et assaisonnez de sel et poivre.

4. Dans un plat à gratin, mélangez les endives, les crozets et la crème, ajoutez du sel et du poivre à votre convenance.

5. Répartissez dessus le reblochon coupé en morceaux et faites cuire pendant 15 à 20 min. Passez le four en mode gril durant les 5 dernières minutes pour bien faire gratiner.

Chili sin carne

Chili végétarien au jacquier

VEGAN

SOIR

Pour **4** personnes | **10** min de préparation | **25** min de cuisson environ

Le jacquier, ou jackfruit, est le sosie végétal du porc effiloché. Il est très riche en fibres, ce qui en fait un excellent allié antitoxines, il participe aussi à la santé du microbiote (les bonnes bactéries dans vos intestins).

3 tomates

1 oignon rouge

2 gousses d'ail

3 cuil. à soupe de concentré de tomates

200 g de haricots rouges cuits

400 g de jacquier

100 g de maïs en boîte

1 cuil. à café de piment d'Espelette

1 cuil. à café de paprika

150 ml de bouillon de légumes (poudre ou cube)

Huile d'olive

Sel, poivre

1. Lavez et coupez les tomates en dés. Pelez l'oignon et l'ail. Ciselez l'oignon et écrasez l'ail.

2. Dans une grande poêle, faites revenir l'oignon et l'ail 5 min avec un peu d'huile puis ajoutez les tomates, le concentré de tomates, les haricots rouges, le jacquier, le maïs et les épices.

3. Laissez mijoter 15 à 20 min à feu doux. Versez le bouillon à mi-cuisson et assaisonnez.

Astuce !

Servez avec des lentilles corail, du riz basmati ou même des spaghettis de konjac, faibles en glucides !

VEGGIE

MIDI

La montagne, ça vous gagne !

Sandwich montagnard

Pour **4** personnes | **10** min de préparation | **20** min de cuisson

Pour les tranches de pain, fuyez le pain de mie industriel (plein de sucre raffiné), choisissez un pain à la farine complète ou ancienne tel que la farine de kamut ou de khorassan, ou bien encore un pain au levain.

1 gros oignon

100 g de champignons de Paris

2 gros cornichons

8 tranches de pain

8 tranches de comté

4 cuil. à soupe de pesto de kale (voir recette p. 111)

1. Préchauffez le four à 200 °C (th. 6-7). Pelez et ciselez l'oignon. Lavez les champignons et coupez-les en fines lamelles. Faites de même avec les cornichons.

2. Faites revenir l'oignon à feu doux dans une poêle avec un peu d'huile. Ajoutez les champignons et laissez cuire 10 min.

3. Pour monter les sandwichs, tartinez 4 tranches de pain de pesto. Ajoutez sur chacune un peu de mélange champignons-oignons. Déposez quelques morceaux de cornichons et 2 tranches de comté. Fermez les sandwichs avec les tranches de pain restantes.

4. Enfournez pendant 10 min, ou grillez à la presse !

5. Dégustez chaud ou froid.

Astuce !

Si vous voulez emporter vos sandwichs, laissez-les refroidir complètement avant de les mettre dans une boîte hermétique.

Riso-pot

Risotto au potiron

VEGGIE

Pour **4** personnes | **10** min de préparation | **25** min de cuisson environ

SOIR

250 g de potiron

2 gousses d'ail

400 ml d'eau

1 cube de bouillon de légumes

100 g de riz

20 g de noisettes

250 g de champignons

40 g de parmesan

Quelques tiges de coriandre fraîche

2 cuil. à café de curcuma

Huile d'olive

Sel, poivre

1. Préchauffez le four à 180 °C (th. 6). Épluchez le potiron et coupez-le en dés. Pelez l'ail.

2. Faites chauffer un peu d'huile d'olive dans une casserole et faites revenir l'ail écrasé.

3. Faites chauffer l'eau et ajoutez le cube de bouillon dedans puis mélangez.

4. Ajoutez le riz dans la casserole avec l'ail, versez la moitié du bouillon environ, mettez le potiron, le curcuma, du sel et du poivre.

5. Laissez cuire 20 min en mélangeant régulièrement et en versant du bouillon dès que nécessaire (quand le liquide s'est évaporé).

6. Pendant ce temps, concassez grossièrement les noisettes, disposez-les sur une plaque de cuisson recouverte de papier sulfurisé et enfournez pendant 10 min.

7. Nettoyez les champignons et coupez-les en quatre. Faites-les revenir dans une poêle bien chaude 5 min environ, il faut qu'ils restent croquants.

8. Râpez le fromage et hachez la coriandre. Ajoutez au risotto en fin de cuisson.

9. Pour le dressage, disposez les champignons et les noisettes torréfiées sur le dessus.

VEGGIE

MIDI

Pas le time

Pad thaï au tofu express

Pour 4 personnes | **10** min de préparation | **20** min de cuisson

400 g de nouilles de riz

2 oignons nouveaux

1 courgette

2 carottes

1 poivron rouge

3 gousses d'ail

1 bloc de tofu ferme

50 g de cacahuètes grillées

1 petit bouquet de coriandre

2 citrons verts

Huile végétale

POUR LA SAUCE

2 cuil. à soupe de sauce soja

2 cuil. à soupe de sauce nuoc-mâm

2 cuil. à soupe de sirop d'érable

1. Faites cuire les nouilles de riz selon les instructions sur le paquet (enlevez 1 à 2 min au temps de cuisson), égouttez-les et réservez-les.

2. Coupez les oignons nouveaux en lamelles. Épluchez et taillez la courgette, les carottes et le poivron en julienne (petits bâtonnets). Pelez l'ail.

3. Dans un wok (ou, à défaut, une poêle) avec un peu d'huile, faites revenir les oignons et l'ail (écrasé). Réservez ensuite dans un bol.

4. Dans le wok vide, faites revenir la julienne de légumes pendant 5 min. Réservez ensuite dans le bol avec l'ail et les oignons.

5. Faites alors griller le tofu coupé en dés. Réservez.

6. Enfin, mélangez tous les ingrédients de la sauce dans un petit bol, puis versez dans le wok chaud. Ajoutez les nouilles de riz précuites et mélangez bien avec la sauce. Incorporez les légumes, le tofu et laissez cuire 2 min en remuant.

7. Juste avant de servir, ajoutez des cacahuètes grillées hachées ainsi que de la coriandre ciselée. Servez chaque assiette avec un demi-citron vert.

4

Les sauces

Les assaisonnements sont le nerf de la guerre. Surtout quand il s'agit d'un plat simple ou d'une salade faite sur le pouce ! Ne manquez plus d'imagination pour agrémenter vos plats et préparations, ses nouvelles saveurs sauront ravir vos papilles.

VEGAN

Ketchup

Pour **1** bol | **3** min de préparation

140 g de concentré de tomates

2 cuil. à soupe de sucre de coco

1 cuil. à café de sel

3 cuil. à soupe de vinaigre balsamique

1. Mélangez tous les ingrédients dans un bol.

2. Dégustez avec de bonnes frites maison.

Astuce !

Vous pouvez conserver ce ketchup dans un pot hermétique pendant 3 semaines.

VEGGIE

Mayonnaise

Pour **1** bol | **5** min de préparation

1 jaune d'œuf

1 cuil. à soupe de moutarde

350 ml d'huile neutre

Sel, poivre

MATÉRIEL

Batteur électrique

1. Dans un grand bol, cassez l'œuf, ajoutez la moutarde et versez 100 ml d'huile.

2. Battez en position fixe dans le fond du bol, puis remuez de haut en bas avec le batteur pour que l'air pénètre dans la préparation.

3. Quand la préparation commence à prendre, versez le reste d'huile en filet.

4. Quand la mayonnaise est prête, assaisonnez à votre convenance.

cl/dl

Pesto de kale

VEGGIE

Pour **1** bol | **3** min de préparation

60 g de pignons de pin

1 grosse poignée de chou kale

2 gousses d'ail

50 g de parmesan râpé

100 ml d'huile d'olive

MATÉRIEL

Mixeur

1. Pelez l'ail, lavez le chou kale.

2. Mixez le tout jusqu'à l'obtention d'un mélange homogène. Pour une texture plus fluide, ajoutez de l'huile d'olive à votre convenance.

Astuce !

Ce pesto superaliment est riche en vitamine K, pour des os forts !

VEGAN

Vinaigrette

aux fruits rouges

Pour **1** petit bol | **3** min de préparation

4 cuil. à soupe d'huile de lin

2 cuil. à soupe de poudre de framboises (en épicerie bio)

2 cuil. à soupe de poudre d'acérola

2 cuil. à soupe de vinaigre de cidre

2 cuil. à café de sirop d'érable

Sel, poivre

1. Mélangez tous les ingrédients dans un bol.

2. Assaisonnez à votre convenance.

Astuce !

Si vous ne trouvez pas de poudre de fruits, vous pouvez écraser en bouillie des fruits rouges frais : framboises, groseilles, fraises, etc. Faites-vous plaisir !

Vinaigrette
aux agrumes

VEGAN

Pour **1** petit bol | **5** min de préparation

1 orange non traitée (le zeste et le jus)

½ citron (le jus)

100 ml d'huile d'olive

1 cuil. à café de moutarde

1 pincée de piment d'Espelette (optionnel)

2 brins de menthe fraîche

Sel, poivre

1. Mélangez tous les ingrédients dans un bol.

2. Assaisonnez à votre convenance !

VEGGIE

Vinaigrette
tahitienne

Pour **1** petit bol | **5** min de préparation

2 gousses d'ail

1 morceau de gingembre frais (3 cm)

4 cuil. à café de moutarde

70 ml de sauce soja claire

3 cuil. à soupe de sauce huître

30 ml de jus de citron vert

100 ml d'huile d'olive

1 cuil. à café de poivre

MATÉRIEL

Petit mixeur

1. Hachez très finement l'ail pelé et le gingembre.

2. Mixez tous les ingrédients et réservez au frais.

— *Astuce !*

Voilà une sauce découverte à Tahiti. Elle sera parfaite avec vos sushis préférés ou bien pour une salade !

5

Les collations et desserts

« On mange quoi en dessert ? » Que ce soit pour mes proches ou moi, il est impossible de ne pas terminer le repas sur une note sucrée. Après un repas ou en collation à emporter, avant un training ou après, laissez-vous tenter par une petite bouchée !

VEGGIE

APRÈS L'EFFORT

Peanut balls

Encas aux cacahuètes

Pour **8** portions | **10** min de préparation | **50** min de repos

Pour celles et ceux qui n'aiment pas la protéine en poudre à boire, ce snack est fait pour vous !

120 ml de beurre de cacahuète liquide

2 cuil. à soupe de sirop d'érable

2 cuil. à soupe d'huile végétale

1 dose de protéines en poudre saveur vanille

POUR LE GLAÇAGE ET LA FINITION

50 g de chocolat noir 80 %

1 cuil. à café d'huile de coco

8 cacahuètes

MATÉRIEL

Mixeur

Pique en bois

1. Mixez tous les ingrédients ensemble et laissez reposer 30 min au frais.

2. Pendant ce temps, préparez le glaçage, faites fondre le chocolat et l'huile de coco et mélangez bien.

3. Réalisez des boules avec la préparation mixée en vous aident d'une petite cuillère, puis trempez-les dans le glaçage à l'aide d'une pique.

4. Cachez le petit trou avec une cacahuète. Laissez reposer au frais jusqu'à ce que le chocolat se fige.

salomon
salomon

Barres énergie
au café

VEGAN

PENDANT L'EFFORT

Pour **8** barres | **5** min de préparation | **5** min de cuisson | **4** h de repos minimum

Une collation qui s'emporte partout !

120 g de purée d'amandes

100 g de stevia liquide

125 ml de café

200 g d'avoine à cuisson rapide

100 g d'amandes en poudre

50 g de cranberries

1. Dans une casserole, faites chauffer pendant 5 min la purée d'amandes, la stevia et le café en remuant.

2. Dans un bol, mélangez l'avoine, les amandes en poudre et les fruits puis incorporez le mélange liquide.

3. Déposez dans un plat recouvert de papier sulfurisé puis laissez reposer au mois 4 h au frais avant de découper en 8 barres.

VEGGIE

APRÈS L'EFFORT

Comme un Pépito®

Pour **8** biscuits | **10** min de préparation | **10** min de cuisson | **1** h **30** de repos

110 g de purée d'amandes

4 cuil. à soupe de sirop d'érable

1 cuil. à soupe d'huile de coco

80 g de farine d'avoine

50 g de chocolat noir

1. Mélangez la purée d'amandes, le sirop et l'huile de coco. Ajoutez la farine d'avoine et mélangez jusqu'à l'obtention d'une pâte qui ne colle plus aux doigts. Formez un boudin.

2. Laissez reposer la pâte 1 h au frais.

3. Préchauffez le four à 180 °C (th. 6). Façonnez ensuite les biscuits en découpant des disques de 0,5 cm environ. Disposez-les sur une plaque tapissée de papier sulfurisé et enfournez pendant 10 min.

4. Faites fondre le chocolat au bain-marie.

5. Laissez refroidir les biscuits avant de les badigeonner de chocolat fondu, au pinceau de préférence.

6. Laissez reposer au frais pour que le chocolat fige.

Astuce !

Attention à la cuisson du chocolat en pâtisserie : chocolat bouillu, chocolat foutu !

Gâteau
à la banane

VEGGIE

AVANT L'EFFORT

Pour **6** personnes | **10** min de préparation | **45** à **50** min de cuisson

3 bananes très mûres (presque noires)

2 œufs

100 g de crème fraîche épaisse

200 g de farine intégrale

100 g de poudre d'amandes

6 g de levure chimique

1 cuil. à café de vanille en poudre

1 poignée de noix concassées

Huile végétale

MATÉRIEL

Moule à cake

1. Préchauffez le four à 180 °C (th. 6). Dans un récipient, écrasez les bananes avec une fourchette. Ajoutez les œufs puis la crème fraîche et mélangez.

2. Dans un saladier, mélangez la farine, la poudre d'amande, la levure et la vanille. Incorporez délicatement le mélange humide aux ingrédients secs : mélangez jusqu'à obtenir une pâte collante mais pas trop pour garder des grumeaux.

3. Versez la pâte dans le moule à cake graissé et parsemez de noix avant d'enfourner pour 45 à 50 min de cuisson.

Astuce !

Pour une version gourmande, faites revenir une part de gâteau dans un peu de beurre comme pour un pain perdu.

VEGGIE

APRÈS L'EFFORT

Cookie dough

Pour **8** à **10** portions | **5** min de préparation

Une parfaite collation après un training en ajoutant de la protéine en poudre.

120 g de farine d'amande

50 ml de sirop d'agave

200 g de purée de noix de cajou

40 g de pépites de chocolat noir

20 g de noisettes concassées

2 cuil. à soupe d'huile de coco fondue

1. Dans un saladier, mélangez la farine, le sirop et la purée de noix de cajou.

2. Ajoutez les pépites de chocolat noir et les noisettes concassées.

3. Façonnez des boules à l'aide d'une petite cuillère, puis avec vos doigts.

Variante

Déclinez la purée d'oléagineux et les farines comestibles selon vos goûts. Utilisez par exemple de la farine de cacahuète.

La barre expédition

VEGGIE

PENDANT L'EFFORT

Pour **1** barre | **5** min de préparation

10 g de poudre de cacao noir

15 g de noix du Brésil

2 cuil. à café de fructose cristallisé

20 g de beurre de cacahuète croquant

2 cuil. à café de sirop d'érable

1. Dans un bol, mélangez tous les ingrédients pour former une pâte ferme.

2. Façonnez en forme de barre (ou en 3 petites boules).

3. Conservez au frais.

Astuce !

J'ai confectionné cette barre, pour l'expédition UAPAPUNAN dans le grand froid canadien (le tour de l'œil du Québec). Le but étant d'apporter BEAUCOUP d'énergie au corps avec peu de poids et un ratio glucides/lipides/protéines cohérent pour un effort d'endurance (4 pour 1). Défi relevé avec cette barre, très riche, au ratio équilibré, parfaitement adaptée aux longues sorties.

Strong

VEGGIE

AVANT L'EFFORT

Fondant

chocolat-orange

Pour **6** personnes | **10** min de préparation | **20** à **25** min de cuisson

Retour en enfance avec ce gâteau qui me rappelle les orangettes de ma grand-mère !

200 g de chocolat noir 70 %

125 g de beurre

4 œufs

50 g de sucre de coco

1 orange non traitée (le zeste et le jus)

80 g de farine intégrale

Huile végétale

1. Préchauffez le four à 180 °C (th. 6). Faites fondre le chocolat au bain-marie avec le beurre et mélangez bien.

2. Dans un saladier, battez les œufs avec le sucre de coco jusqu'à ce que le mélange blanchisse.

3. Zestez puis pressez l'orange sur la préparation.

4. Ajoutez la farine puis le chocolat fondu et mélangez pour obtenir une pâte homogène.

5. Versez dans un moule à gâteau graissé et enfournez pendant 20 à 25 min.

Petits flans express

à la vanille

VEGGIE

APRÈS L'EFFORT

Pour **2** flans | **5** min de préparation | **2** à **3** min de cuisson | **2** h de repos minimum

250 ml de crème végétale

2 g d'agar-agar

40 g de sucre de miel d'acacia

1 gousse de vanille ou ½ cuil. à café de vanille en poudre

200 ml de lait de coco

1. Versez la crème végétale dans une casserole, ajoutez l'agar-agar et le miel. Ouvrez la gousse de vanille en deux et grattez les graines avec la lame d'un couteau. Ajoutez-les à la préparation. Mélangez avec un fouet pour bien dissoudre l'agar-agar.

2. Portez à ébullition, puis baissez le feu et laissez cuire 2 à 3 min en mélangeant.

3. Retirez la casserole du feu, ajoutez le lait de coco, mélangez et versez dans 2 contenants (verres ou petits bocaux).

4. Laissez refroidir à température ambiante puis placez au frais 2 h minimum avant de servir.

Variante au chocolat

Versez 2 cuil. à café de poudre de cacao non sucrée en début de préparation et ajoutez, si vous voulez, 10 g de miel pour un goût encore plus doux !

VEGGIE

APRÈS L'EFFORT

Fond sablé
aux fruits rôtis

Pour **6** personnes | **15** min de préparation | **1 h 20** de cuisson

4 pommes

4 poires

2 citrons (le jus)

2 cuil. à soupe de sucre de coco

POUR LA PÂTE

150 g de biscuits secs sans sucres ajoutés

100 g de noix de pécan

100 g de beurre

1. Préchauffez le four à 180 °C (th. 6). Mixez les biscuits et les noix de pécan en poudre.

2. Faites fondre le beurre et ajoutez-le à la préparation. Mélangez jusqu'à obtenir une pâte sablée.

3. Tapissez le moule à gâteau de papier sulfurisé puis étalez la pâte uniformément en appuyant bien avec les doigts de manière régulière pour que le fond soit compact avec un léger retour sur les bords. Enfournez pendant 20 min.

4. Sortez la pâte du four et augmentez la température à 200 °C (th. 6-7).

5. Lavez et coupez les fruits en gros morceaux. Déposez-les dans un plat allant au four, arrosez-les de jus de citron, saupoudrez de sucre de coco et enfournez pendant 1 h en mélangeant à mi-cuisson.

6. Lorsqu'ils sont cuits, déposez les fruits rôtis sur le fond de tarte et dégustez chaud !

Astuce !

Le fond de tarte express « façon cheesecake » est déclinable à l'infini : c'est une texture très friable pas d'inquiétude. Cette « tarte » fonctionne avec les fruits de votre choix !

6

Les boissons

Smoothie et jus sont à consommer avec modération. Les possibilités, comme les goûts, sont infinies mais il ne faut pas en abuser car les fruits sont riches en fructose... Le fructose est un sucre, tout de même naturel certes, mais un sucre... Favorisez donc des jus riches en légumes pour garantir un jus équilibré mais aussi pour les différentes vitamines et minéraux.

L'extracteur de jus ou extracteur « froid » écrase lentement le fruit ou le légume à l'aide d'une vis sans fin (tarière). Ce procédé respecte les micronutriments car l'air n'entre pratiquement pas dans le jus comme c'est le cas avec une centrifugeuse, par exemple.

Le blender broie et mélange les fruits et les légumes grâce à ses lames.

La consistance est plus ou moins épaisse selon la puissance du moteur.

VEGAN

MATIN

L'anti-inflammatoire

Pour **1** gourde | **5** min de préparation

Cette boisson aux vertus anti-inflammatoires est un super booster pour les matins difficiles grâce à son trio d'épices !

4 carottes

4 oranges

1 morceau de gingembre

1 g de curcuma

1 g de poivre

MATÉRIEL

Extracteur de jus

1. Épluchez les carottes (sauf si elles sont bio et non traitées), le gingembre et les oranges et coupez-les en dés. Placez-les dans l'extracteur puis lancez-le.

2. Une fois le jus extrait, ajoutez le curcuma et le poivre. Mélangez.

Astuce !

Le gingembre frais est à doser à votre convenance. Dans cette recette, j'utilise du curcuma en poudre pour éviter de tacher mes ustensiles mais si vous en trouvez du frais, il sera plus efficace.

Le détox

VEGAN

MATIN

Pour **1** gourde | **5** min de préparation

2 pommes

4 branches de céleri

4 belles poignées de feuilles de chou kale

1 citron vert (le jus)

1 morceau de gingembre

MATÉRIEL

Extracteur de jus

1. Épluchez les pommes (sauf si elles sont bio et non traitées) et coupez-les en dés. Émincez le céleri. Ciselez les feuilles du chou kale. Épluchez le gingembre.

2. Placez le tout dans l'extracteur et lancez-le.

3. Une fois le jus prêt, ajoutez le jus du citron vert.

Astuce !

Je ne mets pas le citron vert dans l'extracteur car il est difficile à éplucher et je veux limiter l'amertume de la peau.

VEGAN

MATIN

Le sanguin

Pour **1** gourde | **5** min de préparation

2 pommes

1 carotte

2 betteraves crues

1 bouquet d'épinards

1 citron vert (le jus)

MATÉRIEL

Extracteur de jus

1. Épluchez les pommes et la carotte (sauf si elles sont bio et non traitées) puis coupez-les en dés. Lavez et équeutez les betteraves puis coupez-les en dés. Ciselez les feuilles d'épinard.

2. Réunissez le tout dans l'extracteur et lancez-le.

3. Lorsque le jus est prêt, ajoutez le jus du citron vert.

Le training partner

VEGGIE

PENDANT L'EFFORT

Pour **1** gourde | **2** min de préparation

Le petit plus est le miel d'acacia, un parfait antioxydant !

500 ml d'eau

½ orange (le jus)

½ citron (le jus)

2 cuil. à café de miel d'acacia

1 g de sel

Mélangez tous les ingrédients dans votre gourde ou bidon, et c'est parti pour vos *trainings* les plus fous !

Variante

Testez aussi la saveur thé vert-menthe, en faisant infuser un peu de thé dans 500 ml d'eau, en zappant les agrumes et en ajoutant 1 cuil. à café de miel.

SPARTAN
SPARTAN
SPARTAN
1776
LAB

INDEX

par ingrédient

VEGAN

VEGGIE

MATIN

MIDI

SOIR

AVANT L'EFFORT

PENDANT L'EFFORT

APRÈS L'EFFORT

Remerciements

Merci à mon partenaire d'aventure et de vie Mathieu Blanchard grâce à qui je pense chaque jour à de nouvelles recettes et de belles assiettes pour optimiser sa récupération après de longues sorties. Partager la vie d'un grand athlète comme lui en étant passionnée de cuisine est une occasion en or pour avoir des retours constructifs, un bouquet de compliments et des tonnes de photos de mes assiettes.

Merci à mes parents, qui s'imaginent dans Top Chef à chacun de mes repas et qui me partagent sans filtre leurs impressions. Ils m'encouragent dans chacun de mes projets, même les plus farfelus et me poussent toujours à donner le meilleur de moi-même pour atteindre mes objectifs.

Merci aux éditions Hachette Cuisine, et particulièrement à Marie qui a su faire un travail formidable pour choisir la meilleure équipe (Anne Bergeron, Ada Deschanel, Gwen Diakite) et concrétiser mes idées. Elle a su être une oreille attentive pour répondre au mieux à mes attentes
et apaiser mes doutes lors de ce projet tout nouveau pour moi.

Merci aux photographes passionnés qui ont croisé mon chemin et grâce à qui j'ai pu intégrer quelques clichés de mes aventures à mon livre ; et tout particulièrement à Anthony Deroeux @antho.dx

Une dernière pensée pour celles et ceux qui me suivent dans mon quotidien à travers les réseaux sociaux, sans vous rien n'aurait été possible.

À ma sœur qui me regarde de là-haut.

Merci à Gwen Diakite pour le maquillage.

Toutes les photos sont d'Anne Bergeron (stylisme : Ada Deschanel), sauf :
Page 14 : @antho.dx
Page 15 : @benjifre
Page 18 : @jsaragossa
Page 19 : @antho.dx
Page 23 : @benjifre
Page 27 : @martiskka
Page 77 : @antho.dx
Page 89 : @vtlphotography_
Page 158 : Utmb 2022 n/b @coramiecliimb
Page 158-159 : @antho.dx

58, rue Jean Bleuzen – 92178 Vanves Cedex

Direction : Catherine Saunier-Talec
Responsable éditoriale : Lisa Grall
Responsable de projet : Marie Naudet
Responsable artistique : Nicolas Gallois
Couverture : Studio POLI&CO
Mise en page : Cécile Rabataud
Relectures : Charlotte Müller et Claire Bélet
Fabrication : Amélie Latsch
Responsable des partenariats : Dana Lichiardopol (dlichiardopol@hachette-livre.fr)
Responsable de la communication : Johanna Rodrigue (jrodrigue@hachette-livre.fr)

Dépôt légal : janvier 2023
52-8933-2/01
ISBN : 978-2-01-720142-7
Imprimé en Espagne